L'IMPOT

UNIQUE

PAR

Jean GACHE neveu

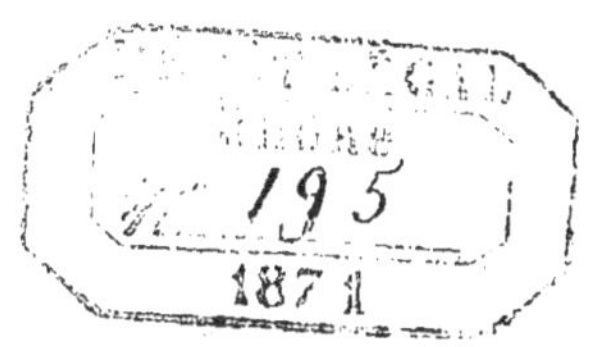

LYON

CHEZ TOUS LES LIBRAIRES

L'IMPOT UNIQUE

PREMIÈRE PARTIE

INTRODUCTION.

L'écrit que nous livrons aujourd'hui à la publicité, en appelant sur son contenu l'attention réfléchie de tous les hommes sérieux, qui veulent le progrès véritable, est une suite du projet d'impôt unique et proportionnel par l'emploi de la contre-monnaie.

Depuis plus de dix ans, nous avons consacré nos veilles à méditer ce plan. Diverses circonstances nous ont empêché de le soumettre à nos concitoyens.

Cependant, dès le mois de septembre 1870, nous avons cru devoir, en présence des désastres qui accablaient le pays, proposer, dans l'intérêt de la défense nationale, notre système d'impôt unique et proportionnel, reposant sur l'emploi d'une contre-monnaie vendue par la nation et dont le cours aurait été obligatoire dans les transactions.

Dans un moment où l'on redoutait que la ville de Lyon fût investie, c'est-à-dire, dès le 14 octobre 1870, nous fîmes

1871.

l'offre de nos services comme organisateur du plan que nous proposions, et par l'exécution duquel on pouvait arriver à des résultats immenses. Ces résultats consistaient :

1° A percevoir et obtenir, dans un bref délai, sans nuire aux positions acquises, les sommes nécessaires soit à l'entretien d'une armée de 300,000 hommes, soit à celui des habitants de la ville; tout en faisant face aux dépenses de l'armement, des munitions de guerre et de tous autres frais ;

2° A fournir les moyens d'éteindre, dans l'espace de 4 ans, toutes les anciennes dettes de l'État, et même celles créées par la guerre contre les Prussiens.

3° A supprimer tous les impôts existants, qui seraient remplacés par un impôt unique ;

4° A donner à chaque enfant qui naîtrait, une rente d'*un franc* par jour jusqu'à sa quinzième année; rente destinée à l'élever et à subvenir aux frais de son instruction.

Dans une réunion tenue au Petit-Collége, dans une autre tenue à Pierre-Scize, nous avons développé notre système d'impôt unique, et un procès-verbal relatant nos explications, signé des membres du bureau, a été inséré dans plusieurs journaux de Lyon. (1)

Les membres de la réunion du Petit-Collége avaient émis le vœu que, dans l'intérêt général, le Conseil municipal de Lyon prît en considération sérieuse nos idées; qu'elles fussent examinées et discutées, afin de décider si leur application ne devait pas être décrétée d'urgence.

A ce premier procès-verbal, daté du 18 novembre, vient s'ajouter un second du 18 décembre, signé par tous les membres du bureau de la réunion du Petit-Collége.

Comme dans l'intervalle du 18 novembre au 18 décembre, le Conseil municipal avait nommé une commission pour

---

(1) *Courrier de Lyon*, 1 décembre ; *Petit Journal*, 2 décembre ; *Décentralisation*, 3 décembre ; *Salut public*, 5 décembre.

entendre nos explications, et, à la suite des développements donnés par nous, avait bien voulu nous promettre son concours vis-à-vis de la première Assemblée nationale, la réunion insistait de nouveau auprès du Conseil pour que l'on nous allouât les fonds nécessaires à la publication de notre brochure.

Depuis lors, nous avons donné publicité à notre système d'impôt unique par l'emploi de la contre-monnaie.

Un journal publié à Lyon, sous le titre : *Le Sauveur de la France dans l'actualité et pour l'avenir*, a bien voulu accueillir, soit les communications faites par nous-même, soit les développements donnés sur notre projet par une personne qui a joint à ses explications un tableau d'où il résulte ceci :

300 jours de travail à 3 fr., soit 900 fr. étant calculés de 20 à 50 ans, c'est-à-dire pendant un laps de temps de trente années, donnent pour résultats, après 30 ans, savoir : pour l'homme 2,989 fr. 49 c. de rente à 5 %, capital 59,729 fr. 80 c. ; pour la femme, 1992 **fr.** 99 c. de rente à 5 %, représentant un capital de 39,859 fr. 86 c., le travail de la femme n'étant évalué qu'à 600 fr. par an.

Il convient de donner ici quelques explications au sujet de notre système d'*impôt unique* par l'emploi de la *Contre-Monnaie*.

Cette contre-monnaie serait payée 10 p. % à l'État, qui alloue à chaque individu 5 p. % d'intérêts sur ses fonds de roulement pendant l'année. Le calcul de ce fonds de roulement serait basé sur le salaire de 3 fr. par jour pour les hommes et de 2 fr. pour les femmes.

La contre-monnaie consisterait dans un jeton, soit de cuivre, soit d'un autre métal quelconque ; l'or, l'argent, le cuivre, seraient représentés chacun par une couleur différente. Ces jetons n'auraient pas de valeur monétaire, mais sur l'un des côtés il y aurait : *Nation Française*, CONTRE-MONNAIE. De l'autre côté se trouverait aussi le poinçon de l'État, qui seul garantirait cette valeur. Il y aurait autour du cercle : LA LOI PUNIT LE CONTREFACTEUR, plus le chiffre de la valeur du jeton : 5 c. 10 c. ou 1 fr. De même pour les billets de banque : on ferait des contre-billets, revêtus également du timbre de l'État. Pour les billets il y aurait une griffe qui inscrirait ces mots : CONTRE-BILLET. Les jetons dont il s'agit auraient pour destination de contrôler les transactions continuelles et réciproques qui auraient lieu entre les citoyens.

Quiconque achéterait de l'État les jetons de contre-monnaie, recevrait un livre de chèques, où figurerait le montant en espèces des jetons qu'il aurait achetés. A la fin de chaque trimestre, on réglerait ce livre : on établirait le compte. Si donc vous aviez acheté pour 1,000 fr. de jetons de contre-monnaie et donné par conséquent 100 fr., il y aurait 50 fr. pour l'État et 50 fr. à porter à votre compte. De ces derniers 50 fr., l'État vous sert l'intérêt à 5 p. %. Ce seraient ces intérêts composés qui vous constitueraient une rente, dont le chiffre s'élèverait de plus en plus, suivant le temps que vous le laisseriez s'accumuler, avant de prendre jouissance.

Prenant pour exemple la ville de Lyon : si, du matin au soir, il s'y fait un roulement de production et de consommation de 20 *millions* par jour, en frappant ce roulement de 10 % par l'impôt unique, il rentrera tous les jours 2,000,000 fr. Le chiffre de la population étant évalué à 400,000 âmes, en donnant à chaque individu 3 fr. par jour en moyenne, on débourserait donc par jour 1,200,000 fr. Donc il y aurait sur les 2,000,000 de fr. un excédant quotidien de 800,000 fr. En ajoutant à cette somme les 10 % retenus sur les 1,200,000 fr., en demandant à chacun la contre-monnaie on aurait chaque jour 120,000 fr. à ajouter aux 800,000 fr. ci-dessus ; soit, en totalité, un excédant quotidien de 920,000 fr. ; excédant qui permettrait de subvenir à toutes les dépenses de la ville.

C'est comme exemple que nous proposons un prélève-
ment de 10 °/₀ ; il est bien entendu que ce taux serait calculé
et fixé de manière que son produit suffise aux dépenses.

I.

Depuis l'origine des Sociétés, il y a eu lutte entre le *Travail* et le *Capital*, ces deux éléments qui, résumés, concou-
rent à la prospérité publique. C'est là un fait malheureuse-
ment hors de conteste, et c'est aussi ce qui ne devrait pas
exister ; car de ce fâcheux antagonisme résultent les plus
grands maux qui affligent l'ordre social. Jusqu'ici le Capital
a joué le rôle d'exploitateur, tandis que le Travail a été
exploité. Cet abus ne cessera d'exister, que par une combi-
naison qui rétablira les choses dans leur situation morale,
en équilibrant ces deux agents de production.

Or, on atteindra ce but si désirable le jour où l'on arrivera
à fournir au Travail les moyens, d'être productif à ceux qui
s'y livrent, tout en faisant fructifier le Capital, et à forcer le
Capital à alimenter le Travail en lui faisant des conditions
raisonnables, c'est-à-dire telles, que le travailleur puisse
non-seulement subsister, mais se créer des ressources pour
le moment où la vieillesse et les infirmités lui imposeront
le repos.

C'est pour aboutir à ce résultat que nous avons conçu le
plan de la société générale qui sera nommée : *Le Comptoir
Terrestre de l'Homme et de la Femme.* En effet, cette association, telle que nous l'expliquerons, établira divers points
de communication à l'aide desquels l'homme et la femme,
quelles que soient leur race, leur origine, leur position,
trouveront moyen de satisfaire les besoins imposés par la
nature, en observant d'ailleurs les lois du pays qu'ils habi-
teront.

Le Comptoir terrestre ne change rien d'ailleurs aux positions acquises; en consolidant ce qui existe il vient seulement créer ce qui n'existe point.

Comme tout ce qu'il y a de défectueux dans l'organisation sociale actuelle, est fatalement condamné à disparaître dans un temps donné, par la seule force de la raison et de la logique des choses, les hommes s'entr'aideront au lieu de se nuire; mais aussi chacun sera plus ou moins heureux, suivant qu'il aura agi plus ou moins sagement.

Nous allons développer plus amplement ces idées et expliquer notre pensée le plus brièvement et le plus clairement que nous le pourrons.

II.

D'abord notre *Comptoir terrestre* aura pour base la trilogie républicaine : LIBERTÉ, ÉGALITÉ, FRATERNITÉ. Seulement ces trois mots recevront dans notre système d'organisation une application réelle qu'ils n'ont pas reçue jusqu'ici, car faute de bien les interpréter, on ne les a jamais mis en pratique.

La devise de notre association sera : *Fais ce que tu voudrais que l'on fît pour toi, et ne fais pas à autrui ce que tu ne voudrais pas qu'il te fût fait.*

Partant de cette base et de ce principe, l'homme ainsi que la femme aura son *Comptoir* partout ; c'est-à-dire, pourra vivre chez toutes les nations en se conformant aux lois de chaque pays où il habitera. Le *Comptoir terrestre* existera pour l'homme comme pour la femme, à quelle race que l'un ou l'autre appartienne et quelle que soit sa condition sociale, à la condition de se conformer à ce que prescrivent les mots *liberté, égalité, fraternité,* dans leur application véritable ; comme aussi à la devise que nous avons inscrite plus haut, laquelle résume en elle les lois de l'équité.

Remarquons que l'existence de notre *comptoir* ne changera rien aux conditions habituelles de la vie; mais que la certitude de pouvoir trouver en tous pays, pourvu qu'on se conforme aux lois, tout ce qui est nécessaire à la satisfaction des besoins imposés par la nature humaine, excitera l'émulation de chacun et lui donnera le courage dont il a besoin pour les luttes qu'il aura nécessairement à soutenir. Or, dès l'instant où tous seront animés de la même émulation, où tous agiront d'après les mêmes principes, les mêmes règles de conduite, ces luttes cesseront d'être aussi pénibles qu'elles peuvent l'être dans les conditions actuelles.

Nous avons dit : le *Comptoir terrestre de l'homme et de la femme*. Mais puisqu'il demeure convenu que les deux sexes entreront dans la Société générale, nous les confondrons maintenant tous les deux sous une désignation générique et nous dirons seulement l'*homme* dans les explications qui vont suivre.

L'homme naît, l'homme vit, l'homme meurt.

La naissance de l'homme est la même partout ; à ce moment, il a donc sa pleine liberté, puisqu'il n'a contracté aucun engagement avec ceux qui sont nés avant lui, non plus qu'avec ceux qui naissent soit en même temps que lui, soit après lui. Voilà donc pourquoi nous adoptons le mot *liberté*.

L'homme vit sans que personne parmi ceux qui sont nés avant lui, en même temps que lui ou après lui, ait le droit d'avancer l'heure de son trépas.

Donc, le mot d'*égalité* qui se trouve dans notre base se trouve justifié.

L'homme demeure sur cette terre plus ou moins longtemps ; et pendant ce séjour de plus ou de moins de durée, il doit travailler pour lui et pour son semblable, quel que soit d'ailleurs le genre de travail, manuel où intellectuel. C'est pour cela que nous faisons figurer dans notre base le mot de *fraternité*.

Nous venons d'expliquer pourquoi nous adoptons pour base la trilogie : *Liberté, Égalité, Fraternité.*

Disons maintenant comment nous les entendons dans leur

application. La liberté consiste à pouvoir faire, dans les limites de nos besoins et de nos facultés, ce que nous permettent les lois du pays où nous vivons. Cette liberté doit s'entendre en ce sens que nos semblables peuvent accepter ce que nous faisons de bien et d'utile par rapport à tous; mais qu'ils ne sauraient permettre ce que nous ferions de mal, c'est-à-dire de préjudiciable aux autres. On a donc toute liberté pour faire le bien, mais non pour le mal.

L'égalité doit s'entendre en ce sens que tous les hommes soient égaux devant la loi; qu'il n'y ait de préférence pour aucun, lorsqu'il s'agit des droits qui doivent appartenir à tous et à chacun particulièrement

Mais il existera toujours entre les hommes une inégalité résultant des différences de nature, de capacité, d'intelligence de fortune patrimoniale ou de produits dus au travail.

Quant à la fraternité, elle consiste pour les hommes à se rendre utiles les uns aux autres, en travaillant tous pour un même but ; ce qui doit s'entendre sous le double rapport physique et moral; car la production, et la consommation s'étendent l'une et l'autre aux objets du domaine de l'intelligence comme à ceux qui rentrent dans les besoins corporels.

Donc, la fraternité consiste à s'aider mutuellement pour produire et pour vivre, sous toutes les formes possibles.

Pour justifier notre devise : *Fais ce que tu voudrais que l'on fît pour toi, et ne fais pas à autrui ce que tu ne voudrais pas qu'il te fût fait*, nous dirons :

L'homme ne pratique pas toujours cette devise lorsqu'il est dans le bien-être ; mais il y songe lorsqu'il se trouve malheureux. Et pourtant, quel est celui qui n'est pas exposé parfois dans sa vie, à avoir besoin que l'on agisse envers lui d'après ce précepte? N'est-il pas évident que si chacun considérait que son propre intérêt lui commande la pratique de cette maxime équitable, le corps social verrait beaucoup moins d'injustices et d'abus révoltants !

Aussi, dans notre organisation de société, sous le nom de *Comptoir terrestre*, nous voulons que, selon notre devise, *chacun fasse pour tous*, de même que *tous feront pour chacun*.

III

Le travail est le grand levier de la production ; mais pour qu'il soit fructueux , il faut lui fournir les moyens de pouvoir produire constamment et en abondance ; à défaut de quoi, l'ordre social sera exposé à des cataclysmes qui se renouvelleront périodiquement de temps à autre. Or, pour éviter les perturbations et les désastres que ces cataclysmes ne manquent pas d'amener, il est indispensable que le capital soit en mouvement sans cesse , de manière à éviter les crises pénibles provoquées assez souvent par sa disparition momentanée ; disparition qui empêche que l'échange puisse s'opérer.

C'est alors que se montre l'exploitation faite par le capital au préjudice du travail. « Tu as besoin de moi, dit alors le capital au travail ; mon concours te devient nécessaire pour que tu puisses te procurer les moyens de t'occuper. Ce concours, je consens à te le prêter, alors tu auras de l'occupation ; mais il faut que tu souscrives à mes conditions ; ou, dans le cas contraire, je ne te donnerai mon aide que dans les limites les plus étroites de ce que je ne pourrai éviter de faire » (ce qui veut dire le strict nécessaire pour l'alimentation).

Il arrive quelquefois que l'exploité se révolte contre l'exploitation ; il arrive qu'en s'occupant, il dit à son tour : Je ne demande qu'à travailler ; mais je voudrais profiter de ce que je produis, dans de justes proportions, telles que la raison les détermine, c'est-à-dire de manière à vivre libre et indépendant. Toi qui m'exploites, consentirais-tu à subir les conditions que tu m'imposes ? Tu t'étonnes pourtant que je revendique ce qui est mon droit. Mais si nous remontons à la source des choses, d'où te vient ce capital que tu fais valoir, ces immeubles que tu possèdes? Comment les avaient acquis ceux dont tu les tiens et qui te les ont transmis par succession ou par vente? Tous ces biens ne proviennent-ils pas originairement de la terre, notre mère commune? Et pourtant ceux qui les possédaient avant toi, et toi-même après eux, vous avez fait de ces mêmes biens un moyen d'exploitation en les faisant cultiver et fructifier par le travail. Comment t'étonner que l'exploité cherche à se soustraire à tes lois aussi injustes que rigoureuses? Comment t'étonner qu'il se plaigne, lorsque tu l'opprimes sous un joug insupportable?

Voilà comment se passent les choses depuis que l'homme a voulu exploiter son semblable; tandis que la seule exploitation qui aurait dû avoir lieu, la seule qui soit rationnelle, serait celle de la terre, notre mère commune. La terre ne refuse rien à celui qui la cultive, et il est facile de s'en convaincre, puisque sa production est plus considérable quand on la cultive que lorsqu'on la délaisse, c'est-à-dire, quand on l'abandonne à elle-même.

Que le travail et le capital, renonçant à leur rivalité, se réunissent dans un but commun; qu'ils dirigent leurs forces accumulées vers l'exploitation du sol qui renferme dans son sein toutes les richesses productives. Alors ce sera l'homme qui sera l'exploitateur, et ce sera la terre qui sera l'exploitée.

Cette exploitation, que le travail et les efforts de tous rendront de plus en plus fructueuse, profitera à tous, en même temps qu'elle préviendra le retour de ces crises périodiques qui proviennent du délaissement de la culture, ou tout au moins de la négligence apportée à tirer de la terre tout ce qu'elle est susceptible de produire. Donc, la société que nous nommons *Comptoir terrestre de l'homme et de la femme*, viendra combler des lacunes regrettables qui existent

dans l'état de choses actuel, en même temps qu'elle sauve-
gardera les droits et les intérêts de chacun des membres
qui la composeront, tout en respectant les lois de tous les
pays où elle sera établie.

Le but de cette Société est de créer autant de comptoirs
ou succursales qu'il y aura de communes ;

De fournir à chaque enfant qui naît les moyens de subsister et de recevoir l'instruction, et cela, jusqu'à ce qu'il ait
atteint sa quinzième année. Nous prenons la quinzième année pour base ; il se pourra que, dans certaines contrées,
cette limite d'âge soit réduite ; mais ce sont là des questions
subsidiaires dans lesquelles nous n'avons pas à entrer ici ;

De protéger le travail en lui garantissant sa juste rému-
nération ; comme aussi de protéger le capital, en lui assu-
rant ses rentes.

Notre *Comptoir* ne ferait acception ni d'opinion politique,
ni de sectes. Le but qu'il vise, c'est la production et la consommation sous toutes les formes. Car à notre point de vue,
la production est spirituelle et matérielle en même temps.
Quiconque fera partie de cette Société y trouvera la garan-
tie, selon ses droits, de tout ce qui lui sera nécessaire pour
sa production comme pour sa consommation, sous toutes les
formes et tous les genres.

Pour que cette grande tâche aboutisse à un résultat tel
que nous le prévoyons, il sera indispensable que tous, et
chacun en particulier, apportent leur pierre à l'édifice.

Le point de départ de notre Société, c'est le sol ; il est la
base de notre *Comptoir terrestre ;* lui seul doit fournir les
ressources pour tous, d'après les lois de l'équilibre,

Un double compte sera ouvert à chaque membre de la
Société, à savoir : un compte de capital, pour établir l'*avoir*
qu'il possédait lors de son entrée dans l'association, et un
compte de production, destiné à constater ce qu'il aura fait
ou produit ; constatation qui s'effectuera par le versement de
sa *contre-monnaie ;* car c'est ainsi seulement que l'on pourra

établir le *quantum* du roulement d'affaires, soit en consommation, soit en production.

IV

Le taux de la cotisation sera de *un franc par mois*. Cette somme, destinée à l'entretien de la Société, ne produira pas d'intérêt, et ne sera point portée en compte ; elle représentera un fonds perdu.

Le capital, et par là nous entendons soit les immeubles, soit les valeurs mobilières, de toute nature, sera grevé de 1 0/0 sur son total réel, suivant la constatation qui en sera faite.

Le travail supportera une taxe de 10 0/0 sur le prix qui lui sera payé.

Cette même taxe de 10 0/0 sera imposée à la rente.

V

Dans un autre écrit qui formera la seconde partie de celui-ci, nous indiquerons les statuts constitutifs de la Société du *Comptoir terrestre*, statuts que l'on pourra réviser et modifier ultérieurement lorsqu'il en sera besoin.

Dans cette seconde brochure, prenant la ville de Lyon pour point de départ et pour siége de l'association, nous joindrons comme documents à l'appui de nos développements : 1° des plans de travaux à exécuter pour faciliter les transactions en général ; 2° des plans pour les établissements destinés à servir d'entrepôts. Les édifices où seront installés ces établissements seront construits sur un même modèle, partout où fonctionnera le Comptoir terrestre de l'homme et de la femme.

Utilisant tout ce qui existe, sans déplacement d'aucunes

positions, sans perturbations aucunes, le *Comptoir terrestre* n'aura pour but que de faire sympathiser le *travail* et le *capital*, de manière que tout se fasse désormais mieux que jusqu'à ce jour, et que les intérêts de tous soient garantis.

Prenant à leur naissance les enfants de l'un et de l'autre sexe, issus de parents qui feront partie du cercle de ses opérations, le Comptoir les protégera. Au moyen de la mise de fonds de un franc par mois que fournira tout associé, et à l'aide des bénéfices obtenus grâce au concours du travail et du capital, le Comptoir pourra assurer à ces enfants une rente d'*un franc* par jour, soit pour la subsistance, soit pour subvenir aux frais de son instruction ; cette rente sera continuée jusqu'à ce que l'enfant ait atteint sa quinzième année.

Arrivé à sa quinzième année, époque où il pourra opter pour la carrière vers laquelle l'entraîneront son goût et ses aptitudes naturelles, le jeune homme ou la jeune fille se fera inscrire au nombre des membres de la Société. S'il veut continuer à profiter des avantages de l'association, il faudra qu'à l'avenir il apporte sa pierre à l'édifice, c'est-à-dire qu'il coopère à faire pour ceux qui viendront après lui comme ont fait pour lui ceux qui l'avaient précédé dans la vie.

Toutefois, quoique la Société ait été la bienfaitrice de cet enfant, il n'y aura pour lui aucune obligation de se faire inscrire parmi les membres qui la composent. Il agira dans cette circonstance avec pleine et entière liberté ; seulement il demeure bien entendu que pour avoir part aux avantages garantis par la Société à ses membres, il devra contracter vis-à-vis d'elle un engagement régulier. Toutefois, il est évident que l'intérêt de l'enfant arrivé à sa quinzième année devra lui conseiller de prendre rang immédiatement parmi les sociétaires, car il pourrait y rentrer plus tard, sans doute ; mais il aurait perdu momentanément les avantages qu'il eût trouvés de suite pour sa production et pour sa consommation.

Comme on peut le voir, en réalité rien ne sera changé à l'état de choses actuel; seulement tout ce qui existe se trouvera consolidé d'après les préceptes de la raison et de la logique, en même que les Sociétés déjà existantes acquerront plus de force et d'extension.

Le Comptoir, en effet, ne pourra laisser le travail improductif, afin de pouvoir garantir le capital et la rente, ni laisser les capitaux inactifs. Il devra donc employer tous les moyens pour travailler et produire le plus possible, afin d'assurer la consommation sous toutes les formes, et de manière à maintenir l'équilibre constant entre la production et la consommation.

Il sera indispensable d'établir un point de départ pour la rétribution du travail. Ainsi, pour l'homme le moins doué de capacité, employé seulement à tous les travaux que lui permettent ses forces ou son intelligence, le minimum du salaire journalier sera de trois francs. Ce minimum sera de deux francs pour la femme. (Ces chiffres seront uniformes dans toute la France.) Quant aux individus des deux sexes, auxquels leurs capacités permettront d'obtenir pour leur travail une rétribution plus forte que celle ci-dessus indiquée, ils débattront le chiffre de leur salaire avec ceux qui les occuperont.

Le capital rapportera 5 0/0, et on le prêtera à 6 0/0 aux ayants-droit.

La contre-monnaie (papier ou numéraire) (1) sera vendue dix francs par cent francs; cet emploi de la contre-monnaie est le seul moyen d'arriver à ce que tout soit imposé; rien, en effet, ne pourra s'y soustraire, si ce n'est par oubli de la part de celui qui devrait recevoir la contre-monnaie en échange et en équivalent de ce qu'il paie ou achète.

En effet, toute personne faisant partie du *Comptoir*, devra

---

(1) Voir dans l'*Introduction* ce que nous avons dit au sujet de la contre-monnaie et des contre-billets de banque. Page

se faire rendre en contre-monnaie l'équivalent de ce qu'elle a donné en espèces. Ainsi, a-t-elle payé deux francs, elle aura droit à deux francs de contre-monnaie; c'est ce qui constatera son roulement de fonds, et *vice versa*, par la recette. On comprend que dès-lors beaucoup de gens iront plusieurs fois chercher de la contre-monnaie, tandis que d'autres en porteront; le plus ou le moins de transactions et les divers genres d'affaires que fera telle personne ou telle autre amèneront cette différence entre leurs roulements de fonds.

L'emploi obligatoire devra s'étendre même aux plus petites choses. N'achèteriez-vous que pour *un centime*, qu'il faut demander la contre-monnaie de ce centime. Car il est bien à propos de ne pas perdre de vue que c'est en donnant et recevant tour-à-tour votre contre-monnaie, que s'établira votre roulement de production et de consommation.

Le Comptoir retirant le 10 0/0 sur la vente de la contre-monnaie, on peut se figurer, d'après la rentrée et la sortie continuelle de cette contre-monnaie, le chiffre qui en résultera. Ce produit, à la fin de l'année, sera réparti proportionnellement entre tous les comptes des sociétaires, au prorata de la production de chacun d'eux. Portées au compte de capital des membres de l'association, ces sommes augmenteront leur crédit pour l'année suivante. Ainsi se formera et s'accroîtra le capital social, lequel étant toujours disponible vis-à-vis des ayants droit, permettra d'obtenir les avantages immenses qui résulteront de l'abondance de tous les produits; avantages tels, que, dans un temps donné, chacun pourra avoir, moyennant un franc, ce qui en coûterait cinq aujourd'hui.

En effet, il est constant que de l'abondance naît le bon marché, comme de la disette résulte la cherté.

Par le maintien du minimum de salaire établi comme nous l'avons dit à trois francs pour les hommes et à deux francs pour les femmes, par le taux fixé à l'intérêt de l'argent, on assurera le bien-être de tous les individus ; car le pauvre sera heureux en travaillant, et, de son côté, le riche le sera aussi, en dépensant ses revenus qui lui seront garantis.

Et comme conclusion, nous dirons : On veut que l'homme travaille, il faut lui fournir les moyens de travailler. On veut que l'homme s'instruise, il faut lui fournir les moyens de s'instruire.

On veut que l'homme progresse dans la civilisation, il faut lui donner les moyens de réaliser ce progrès.

Nous nous sommes borné dans cette première partie de notre ouvrage à exposer sommairement nos idées et notre plan. Dans la seconde partie, nous entrerons dans les développements.

En attendant, nous dirons : Lisez, méditez sur notre écrit. Nous savons parfaitement que toute proposition rencontre souvent la critique. Mais la critique est facile, on ne l'ignore pas. Quant à la discussion, loin de la repousser, nous la provoquons, pourvu qu'elle soit de bonne foi ; nous ne demandons pas mieux que l'on discute nos idées, parce que nous sommes en mesure de réfuter les objections. De la discussion jaillit la lumière.

Par le *Comptoir terrestre de l'homme et de la femme*, on obtiendra le bien-être si désirable pour tous, et que l'on n'a jamais pu obtenir jusqu'ici.